AF248388

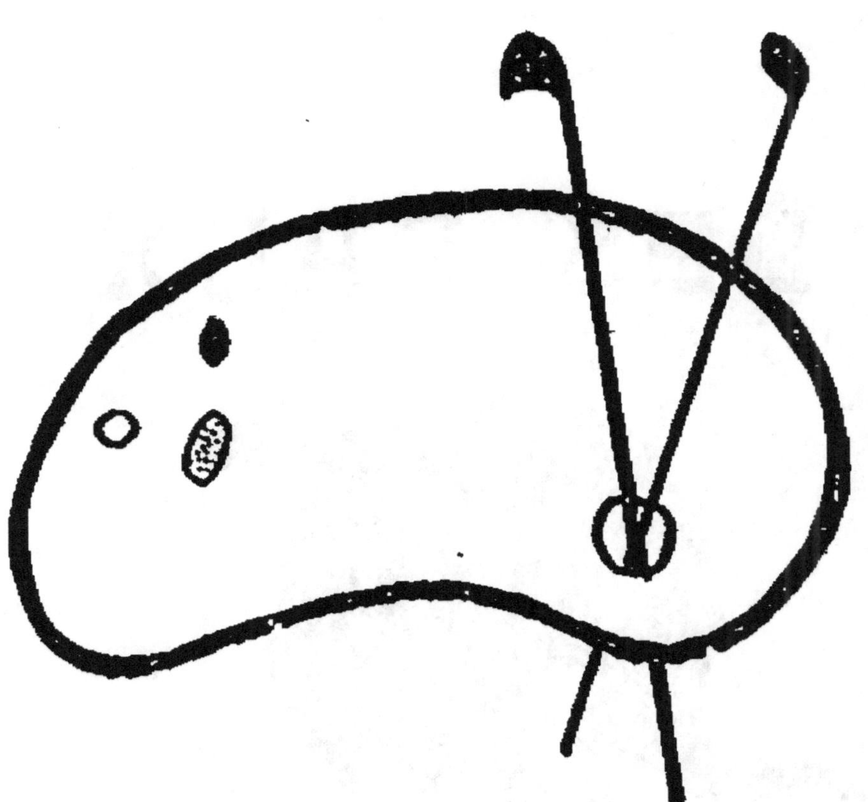

COUVERTURE SUPERIEURE ET INFERIEURE
EN COULEUR

8·L7K
34354
A bis

NOUVEAU GUIDE-MONOGRAPHIE

LES BAUX

PAR

A. CASTÉRAN

MARSEILLE. — LIBRAIRIE P. RUAT

Prix : 1 franc.

LIS ARMO DI BAUS

Acò's lis armo coustumiero — Di prince di Baus,
la proumiero — Pèr soun antico raço e pèr sa res-
plendour — Di grand samiho prouvençalo : — Raço
d'eigloun, jamai vassalo, qu'emé la pouncho de sis
alo aflouré lou cresten de tóuti lis autour.

(Mistral, Calendau, Cant 1)

*Ce sont les armes traditionnelles — des princes des
Baux, la première — par son antique nom comme par
sa splendeur, — des grandes familles de Provence : —
race d'aiglons, jamais vassale — qui, de la pointe de ses
ailes, effleura la crête de toutes les hauteurs.*

Table des Matières

Guide-Monographie

LES BAUX

PAR

A. CASTÉRAN

TROISIÈME ÉDITION

Di Baus fariéu ma capitalo !
(MISTRAL, *Mirèio*)

MARSEILLE
LIBRAIRIE P. RUAT
54, Rue Paradis, 54

1912

AVERTISSEMENT

Les nombreux touristes, qui pendant la belle saison parcourent la Provence, ne doivent pas manquer de visiter les ruines célèbres de la ville des Baux, située, au plus court, à 17 kilomètres d'Arles.

Rien ne saurait exprimer l'impression ressentie devant le paysage fantastique qui encadre son château, établi comme un nid d'aigle sur la cime d'un roc.

Devant les débris de cette cité, naguère florissante, où se sont débattus pendant plusieurs siècles les intérêts politiques de la Provence, et s'émiettant aujourd'hui pierre par pierre, le voyageur trouvera matière à diverses études. ·

Sa curiosité éveillée sur le passé et le présent voudra être satisfaite par des renseignements rapides et précis. C'est l'objet de cette petite notice.

Elle ne s'adresse ni au poète ni à l'érudit, qui aimeront mieux évoquer en toute indépendance le souvenir des princes des Baux ou de leurs successeurs, et demander aux échos du val de redire les chants soupirés par les troubadours, aux pieds des nobles dames des « Cours d'amour » baussenques. Le but de cette notice est donc simplement d'offrir à la masse des touristes tous les renseignements élémentaires qu'une journée bien employée aux Baux peut demander, en histoire et archéologie principalement, sans exclure quelques mots de description de l'actuel aspect du pays et de certains vieux usages encore conservés.

Elle offrira d'abord la description de la ville actuelle et de ses alentours immédiats. Elle donnera ensuite quelques détails historiques sur l'antique château et les seigneurs qui l'ont ou possédé ou gouverné, pour satisfaire la curiosité instinctive qui nous porte à réveiller le passé endormi sous la majesté de ces ruines. (1)

Quelques notes sur les traditions et les coutumes locales, que notre séjour dans le pays nous a fait connaître, termineront ce modeste travail.

---

(1) Nous nous sommes surtout inspirés des ouvrages du Dr Barthélemy, dont la merveilleuse documentation sur les Baux et leurs anciens seigneurs fait autorité.

LES BAUX

PREMIÈRE PARTIE

LA VILLE ACTUELLE

Les Baux ont été bâtis sur un contrefort sud de la chaîne des Alpilles, dont la masse fondamentale est un calcaire dur, appartenant au néocomien. A cette masse est superposée une couche puissante de calcaire plus récent, connu sous le nom de molasse coquillière, et utilisé comme pierre à bâtir. Celle-ci, sous l'action du soulèvement de la couche inférieure, a subi des bouleversements, des désagrégations lentes et irrégulières, qui tantôt sur les crêtes, tantôt au fond des plus étroites vallées, ont donné aux massifs comme aux blocs détachés les formes les plus capricieuses et les plus fantastiques. Ces bizarreries de la nature impri-

ment au paysage un caractère de sauvage et
mystérieuse grandeur, et sont de moitié dans
l'attraction qui amène le touriste aux Baux.

Les calculs de M. Gilles attribuent une alti-
tude de 240 mètres environ au-dessus du niveau de la mer à la partie la plus élevée, occu-
pée par le primitif château, qui dominerait
alors de 170 mètres environ la vallée circulaire
qui l'entoure. Limitée de tous les côtés, sauf au
couchant, par des remparts de rochers, dans
lesquels les habitants s'étaient construit des
demeures, la ville des Baux n'occupe plus,
dans son ensemble, que le quart de sa super-
ficie bâtie d'autrefois.

Elle comptait jadis quatre mille âmes et
n'en possède plus aujourd'hui que trois à quatre cents.

Le touriste a le choix de différentes routes
agréables et faciles. Deux centres d'accès, sur
la grand-ligne P.-L.-M., *Tarascon* et *Arles*, se
trouvent tous deux, d'après les indications
routières les plus récentes, et par le raccourci
du *Clapier*, à 17 kilomètres seulement.

Avignon, par *Rognonas*, *Graveson*, *Maillane*,
Bagatelle, est à 24 kilomètres, et *Saint-Rémy* à
10 kilomètres.

De plus, soit par *Arles*, soit par *Salon*, le
chemin de fer de la compagnie des Bouches-du-
Rhône mène à la station de *Paradou-les-Baux*

ceux que la distance de 3 kilomètres à franchir à pied n'effraie pas ou intéresse davantage. Les automobiles (10 à 12 pour cent de pente en certaines parties, mais peu longues du parcours), les voitures, les bicyclettes, peuvent s'engager hardiment, du côté du nord, par les routes de la *Massane* et de *Saint-Rémy* ; du côté du midi, par celles de *Paradou, Montpahon*, et enfin de *Maussane*, dont la bifurcation, passant par le moulin de *Manville*. abrège notablement. Ces derniers chemins se confondent en un seul, à l'entrée du *Vallon de la Fontaine*, pour aller rejoindre la route de *Saint-Rémy*, et s'élever en serpentant gracieusement jusqu'au sommet du plateau.

On débouche alors dans la ville, par une brèche faite au mur d'enceinte, et à travers les débris d'une maison bourgeoise, où deux cheminées renaissance présentent dans le raccord des pieds droits, au manteau, un motif flammé assez curieux.

Pour avoir une impression rétrospective plus exacte, il est préférable pour les piétons, et même pour les excursionnistes en voiture, heureux de se dérouiller plus vite les jambes, d'abandonner la nouvelle route, à la hauteur à peu près du *pavillon de la Reine Jeanne*, situé dans le vallon à gauche, pour monter par l'ancien chemin pavé, tortueux, accidenté de la

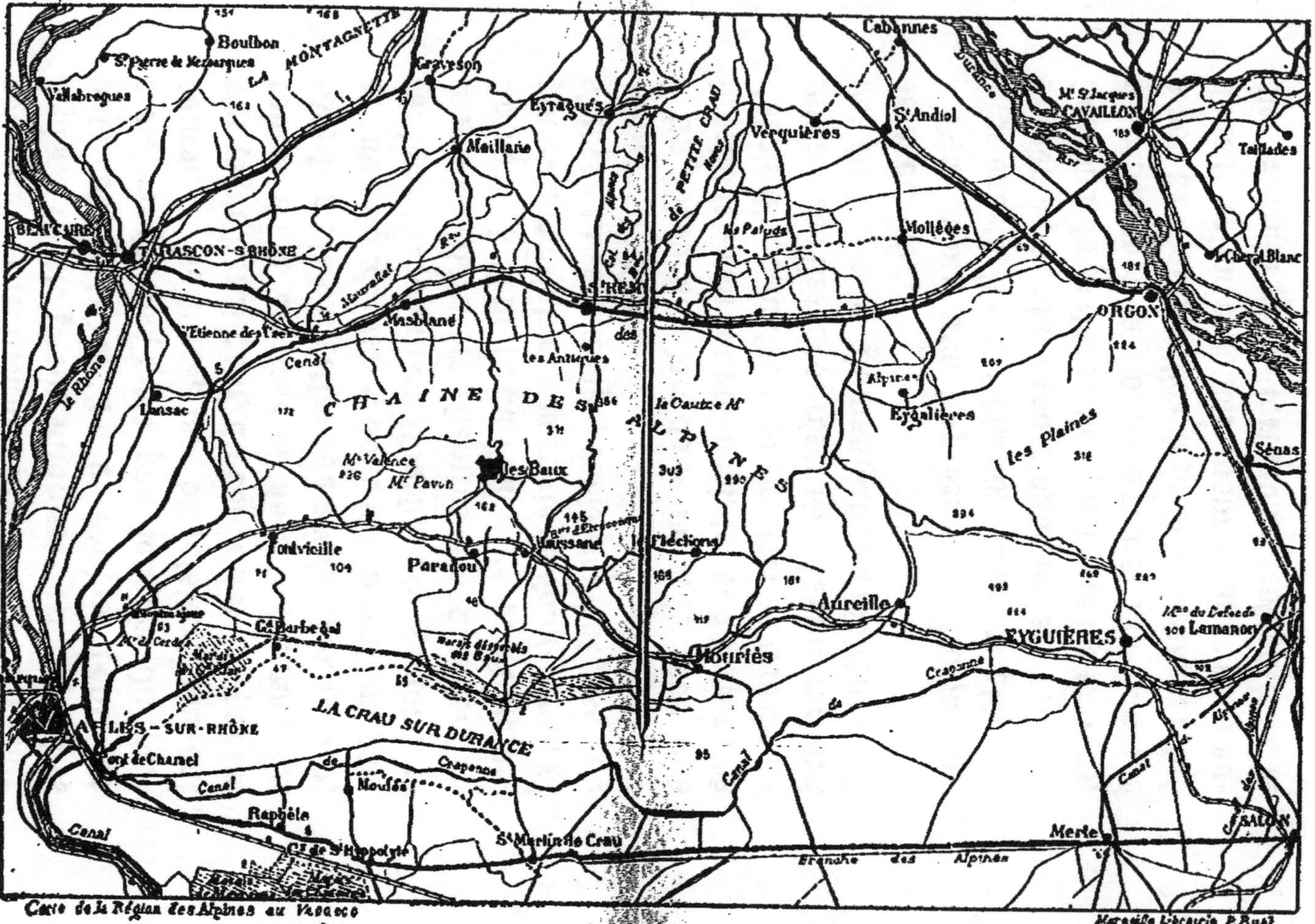

Carte des Environs des Baux

Calade, qui aboutit à la vieille et unique porte de la ville.

l'ancienne porte Cette porte conserve encore des restes de mâchicoulis, les rainures de sa herse absente, et son fronton ou tympan est orné d'un car-

Ancienne porte.   (Cl. Genoullat).

touche détérioré, où difficilement on reconnaît les armes des anciens seigneurs.

Un éboulement en nécessita la réfection en 1625, et ses deux battants en bois, aujourd'hui cloués au mur, furent rétablis en 1640, à l'occasion de la peste.

Le pont-levis franchi, on avait devant soi la *place Neuve*, où se tenait un corps de garde, dont le quartier se trouvait immédiatement à droite, bâti dans le roc, ainsi que la loge du portier.

La *Calade* se termine à la place publique qui précède l'*Hôtel de Ville* reconstruit en 1634, et dont le pignon porte l'étoile à seize rais, fameuse de la maison de Baux. De ses trois salles voûtées, la première en entrant est la seule intéressante : on y voit les bancs de pierre enchâssés sur lesquels siégeaient les délibérants et il y a quelques années, au seuil extérieur de la porte, était encore scellé et retenu par une chaîne à la muraille le carcan de fer du seigneur, haut justicier.

Au pied du rocher, sous la place même de l'Hôtel de Ville, se trouvait le lieu appelé le *Déran*, où tous les étrangers, en temps d'épidémie, étaient obligés d'attendre, car sous aucun prétexte il ne leur était alors permis de pénétrer dans la ville.

La première maison que l'on rencontre ensuite à gauche est l'*hôtel* ou auberge *Monte Carlo*, dont l'enseigne s'ornait autrefois, avec plus d'à-propos et de poésie, d'une mirifique chevelure d'or, avec cette inscription en proven-

çal : *A la cabeladuro d'or,* à la chevelure d'or,
ce dont le lecteur aura l'explication lorsque
nous parlerons de l'église paroissiale *Saint-Vincent.* Cette prosaïque déchéance n'empêche
pas d'y très bien déjeuner, à condition de ne
pas prendre l'hôtelier à l'improviste.

Traversant la place Fortin, où se trouve
l'hôtel, on enfile la rue principale, ou *Grande-Rue,* dont la plupart des maisons remontent
au quinzième ou au seizième siècle.

Grande-Rue.

On remarque à gauche une maison avec jolie
façade renaissance : c'est là qu'habitait en 1584
le tabellion *Quenin.*

Aussitôt après on s'arrête devant l'hôtel des
Manville, de la même époque. Ses différentes
parties, reliées autrefois, comprenaient : à
gauche, un grand corps de bâtiment que
Claude II de Manville fit bâtir en 1572 ; en face,
à la bifurcation des deux rues, menant, l'une,
au plan du château, l'autre à l'église, un pavillon précédé d'une cour avec citerne, et en-
touré autrefois d'un jardin ; à droite, des dépen-
dances auxquelles donnait accès un escalier en
pierre de taille, suivi d'une terrasse, reposant
sur des consoles et arches encore visibles.

Hôtel des Man-ville.

Près du coude que fait la première construction, et vers la hauteur de son premier
étage, on observera les traces d'ouverture,
maintenant bouchée, du ponceau qui, fran-

chissant la rue, l'unissait au corps du pavillon.
A l'extérieur, on remarquera les fenêtres,

Oratoire de l'Hôtel de Manville   (Cl. Genoullat

d'une rare pureté de style ; à l'intérieur, une

grande salle basse voûtée, qu'on retrouve presque semblable dans le peu qui est resté de
l'ancien *château de Manville*, situé dans le vallon près Maussane.

Claude II de Manville embrassa le parti de la
Réforme, comme beaucoup de seigneurs de
son temps, et en vertu du droit de haute juridiction dans ses terres, put offrir asile au culte
protestant, dans la partie du pavillon où se lit
encore, inscrite sur la frise d'entablement
d'une belle croisée, bien conservée, la fameuse
devise de la Réforme à Genève : POST TENEBRAS
LUX 1571. (Après les ténèbres la lumière.)

Plus loin, ruine d'une demeure complètement démolie, où il reste une remarquable
cheminée. Le manteau porte le millésime
1529 et les initiales J. M.

Se dirigeant alors à droite, on arrive à la
maison seigneuriale des *Porcelets*, pas mal res-
tau:ée pour servir d'école communale. Les
fenêtres et portes indiquent différentes pério-
des du seizième siècle. Au rez-de-chaussée,
salle voûtée avec fresques, où l'on reconnaît
les figures allégoriques des quatre saisons.

L'antique illustration des *Porcelets, marquis
de Maillane* et premiers nobles de la ville d'Arles, est légendaire en Provence, ainsi que l'explication bizarre de l'origine de leur nom.
Parmi les ancêtres de cette famille, dit une

tradition, se trouvait une orgueilleuse dame, qui repoussa durement une pauvresse chargée d'enfants, lui reprochant sa progéniture que sa misère ne pouvait nourrir. Par fâcheuse aventure cette mendiante était une fée, et sa vengeance imposa à ladite dame d'accoucher d'autant d'enfants qu'une truie pleine, qui par hasard se trouvait là, ferait de porcelets.

La truie mis bas neuf porcelets, et la dame accoucha d'autant d'enfants qu'on appela les *Porcelets*, ainsi que leurs descendants.

Entre cette maison qui leur appartint et l'église paroissiale, on remarque une sorte d'échauguette ou campanile renaissance, d'où s'élancent trois chimériques gargouilles.

L'église dédiée à *Saint-Vincent*, offre un portail à colonnettes, de style romano-byzantin, précédé d'un perron, et restauré inhabilement en 1862.

Immédiatement au-dessus du plein cintre s'ouvre un croisillon surmonté d'un médaillon, représentant un léopard sculpté. A l'intérieur, trois nefs inégales et de trois époques différentes. La première, à droite en entrant, voûtée en plein cintre, avec ses chapelles monolithes (creusées entièrement dans le roc), est romane ; elle remonte, paraît-il, à l'époque carlovingienne ; les arceaux de ses voûtes sont taillés en pointe de diamant ; sa partie

ouest, où on ne découvre pas trace de porte,
est surmontée d'un œil-de-bœuf au pourtour
délicatement travaillé. L'un des arcs de voûte
porte l'inscription jusqu'ici indéchiffrée — IEO :
V. MII : SOV : R : ~ . La chapelle située près du
clocher renferme une cuve baptismale du dix-
huitième siècle.

*La chevelure
d'or.*

A la suite de fouilles opérées dans la crypte
de l'église, il y a quelques années, on trouva
dans une sépulture, devant l'autel de la Sainte-
Vierge, la fameuse *chevelure d'or* que Mistral a
pieusement recueillie à son *Museon Arlaten*.
D'un blond doré et d'une longueur extraordinaire au moment de sa découverte, on la considère comme tout ce qui reste d'une jeune
princesse des Baux, merveille de beauté et de
grâce, chantée par les troubadours, et morte
dans la fleur de l'âge.

Cette nef romane étant devenue insuffisante,
une autre lui fut ajoutée au douzième siècle et
forme aujourd'hui le milieu de l'édifice. Pour
la faire communiquer avec la première, sans
en détruire l'harmonie, on remplaça deux tra-
vées de droite, comme on peut le voir, par
une longue travée unique. Dans l'angle du pre-

Nef principale.

mier pilier, à gauche, on voit un petit béni-
tier en pierre, portant la date de 1586.

On a eu l'heureuse idée, il y a plus de qua-
rante ans, de relever du sol de l'église, où elle

était placée depuis des siècles, une pierre tombale que l'on a encastrée perpendiculairement dans le dernier pilier du même côté. Un personnage pieusement agenouillé, les mains jointes, y est représenté au trait ; il semble réciter les paroles de l'*Ave Maria*, gravées en gros caractère tout autour de la pierre. L'inscription intérieure, en lettres gothiques, nous donne la date de la mort (5 octobre 1467) et probablement le nom de l'individu agenouillé; malheureusement, l'usure de la pierre ne permet de lire ni le nom ni les armes sculptées à l'intérieur d'un écu dont on ne voit que l'angle inférieur. Suivant certains auteurs, cet écu portait autrefois un aigle aux ailes éployées, dont on peut reconnaître encore l'extrémité des pennes des ailes et de la queue. Plus bas, cette pierre tombale est ornée d'un cartouche de forme élégante, contenant dans son ovale deux traits simulant une croix en sautoir, et les lettres C et P ou R. Mais la facture et le style semblent indiquer une exécution postérieure aux autres éléments sculptés.

La troisième nef, à gauche, de caractère ogival, composée de trois chapelles, et surmontée du campanile élégant dont nous avons parlé, remonte à la première période de la Renaissance.

· Les archives du notaire *Salomé*, des Baux, nous apprennent que le 13 janvier 1546, *Monseigneur le chevalier, noble Claude de Manville,* capitaine gouverneur des Baux « baille à prix faict, à Pierre Vergnes, dict Laval, masson des Baux, de desbarder sa chapelle que ledit chevalier a faict construire et incorporer à l'église des Baux, et des bards qu'elle soyt icelle bien et duement netoyée et gester tout ce que estoyt et a été mis dessus ladite chapelle… bien et duement barder ladite chapelle, que ne pleuve en icelle, et au cas qu'il vint à pleuvoir dans ladite chapelle, ledit Laval sera tenu les renouveler à ses dépens. A esté de pacte que ledit Monseigneur le chevalier sera tenu fère fère les armes pour mettre aux clés de ladite chapelle et sera tenu ledit Laval icelles poser à ses dépens et pour le prix de vingt florins, monnaie courante en Provence, lesquels vingt florins a promis et promet le chevalier et expédier à la première requeste… »

C'est la jolie chapelle des *Manville,* aux voûtes de laquelle sont encore fixées les armes « de sable au lion d'or sous un château fortifié d'argent » du seigneur fondateur, dans la partie supérieure à gauche près de la sacristie.

Les nervures de la première chapelle, dédiée à *Saint-Marc,* reposent sur des écussons meublés de forces. La forme élargie de l'extrémité de ces instruments semble indiquer que cette chapelle était plutôt celle des tondeurs de drap que des tondeurs de laine (dont les forces sont pointues). Il y avait autrefois une fabrique de drap au Paradou, et l'on suppose que les tailleurs, ou tondeurs, avaient leur chapelle particulière dans l'église *Saint-Vincent.*

Le pavé de l'église recouvre des caveaux dans toute son étendue. *Saint-Vincent* a été pendant des siècles une vaste nécropole. Les cryptes sont formées de longs corridors voûtés dans le sens de la longueur des nefs, assez larges pour mettre une rangée de cercueils de chaque côté du passage, et assez élevés pour en superposer plusieurs.

Dans la partie droite ont été enterrés des *princes ou princesses des Baux,* un peu partout des baillis, consuls ou magistrats, puis dans la partie gauche, sous la chapelle *des Manville,* des membres de cette famille ou de ses alliés, entre autres noble *Jehan de Brion,* mort en 1524.

Le clocher (douzième siècle) est une tour massive quadrangulaire, surmontée d'une pyramide écrasée et percée de quatre ouvertures. Deux cloches y tintent encore, l'une de 1467, l'autre de 1675. Une troisième disparut en 1794.

En sortant de l'église, on a, à gauche, le presbytère (1635) et à droite, l'ancienne chapelle des *Pénitents Blancs*, érigée en 1650. Il n'en reste plus que les quatre murs, et le fronton révèle difficilement l'inscription suivante : IN NOMINE JESU OMNE GENU FLECTATUR. A l'extrémité de la place, dans l'angle sud-est, à gauche, on aperçoit une ouverture demi-circulaire, creusée dans le roc. C'est une citerne, connue dans le pays sous le nom de *Deïmo, lieu de la Dime*. On venait, paraît-il, verser dans cette citerne du vin du pays recueilli et accepté comme impôt.

Le « Deïmo ».

Revenant sur ses pas, on reprend la grande rue qu'on avait laissée devant l'hôtel *des Manville*, et qui se continue par la rue des *Fours* (fours banaux, autrefois aux nombre de cinq).

Rue des Fours.

On suit la rue du *Trencat*, taillée à vif dans le roc presque entièrement formé de coquillages fossiles.

A droite est l'église *Saint-Claude*, ou du moins l'édifice désigné sous ce vocable dès 1536, car dans le pays on l'appelle aussi *le Trinquet (salle des fêtes)*; c'est dans cette belle salle de 100 m. c. que l'on vient d'installer un petit musée.

L'Eglise Saint-Claude ou « le Trinquet ».

On est peu d'accord, semble-t-il, sur la destination primitive de ce monument, aux murailles si étrangement vermiculées par le temps, et où fusionnent les trois styles roman, ogival et renaissance. L'incertitude absolue règne également sur l'identité de deux des trois écussons fixés à la voûte, au point de réunion des arcs doubleaux. Si l'un, portant l'étoile à seize rais, est le blason *des Baux* sans conteste, l'écusson représentant un *fascé de six pièces* peut, en revanche, être tout aussi bien les armes des *Barras* des *Glanderès*, des *Montolieu*, ou de toute autre famille portant cette division de blason fort répandue, l'absence d'indication d'émaux et l'interprétation historique jusqu'ici ne permettant pas de préciser.

Il en est de même pour le dernier écu, *parti à un fascé de six pièces et à deux annelets* l'un sur l'autre.

Nous ne savons comment on y peut voir soit les armes d'une famille des Annelets, dont nous avons recherché vainement l'existence, soit celles d'une famille de Réal, dont le nom le plus approchant que nous ayons pu découvrir jusqu'à présent, en feuilletant nombre d'armoriaux, est Boscal de Réals ; mais les armoiries décrites ne correspondent en rien à celles qui nous préoccupent.

Cette construction fut remaniée ou agrandie au quinzième siècle, suppose-t-on, pour servir de succursale à l'église *Saint-Vincent*. En 1723, la corporation des cardeurs et des tisserands y célébrait les offices et y tenait des assemblées. Les croisées monumentales de son premier étage sur voûte, les restes de nombreux et

vastes escaliers qui le desservaient, donnent
l'idée d'une fastueuse et grandiose habitation,
de style mi-gothique et renaissance. Quelques
auteurs ont pensé que ce groupe d'appartements

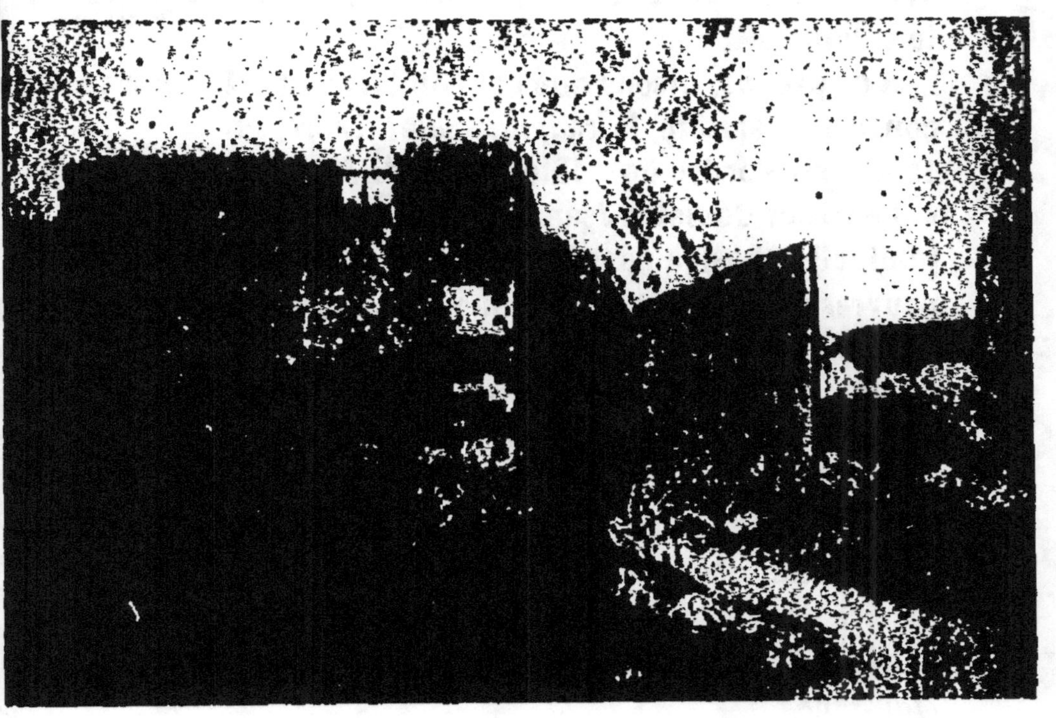

Le Trencat, Pavillon du Musée   [Cl. Genouilat].

était réservé à la *Cour d'appeaux* (d'appel) ou
Maison du Roi, à laquelle toutes les affaires
jugées en première instance dans les terres
baussenques étaient rapportées. On ne pouvait
appeler du jugement de cette cour, que devant
la cour suprême du parlement de Provence.

A gauche est la chapelle romane *Saint-Blaise*, dont il ne reste que les murs ; elle était pro-, bablement affectée au service de l'hôpital, que l'on dit avoir existé tout à côté, et qui aurait remplacé *l'hôpital de Saint-André*, situé dans le vallon.

A ce propos, disons que cet hôpital avait été construit derrière la *chapelle Saint-André*, en 1542, par l'ordre de noble *Claude de Mantille*, « chevalier de Saint-Jean de Jérusalem et cappitaine du chasteau des Baux », pour y loger les pauvres de Dieu, dit un document de l'époque.

Lors de l'invasion de la lèpre aux Baux, vers le commencement du dix-septième siècle, l'hôpital du Vallon, offrant plus de sécurité par son isolement, fut spécialement consacré au traitement des lépreux, et l'hôpital du plan du château fut dès lors exclusivement affecté au service des malades ordinaires jusqu'en 1806, année du transport définitif de l'hôpital à *Maussane*.

On dit que la colonnade du premier étage de cet édifice était une merveille, mais elle a complètement disparu, et de ses ruines jointes à celles des maisons voisines, on a bâti une arène ou plutôt un enclos sommaire pour les courses de taureaux. A droite, vers l'ouest, dans un des angles du plan du château, on voit une grande surface dallée servant à recueillir

Citerne commu-
nale.

Anciens moulins
et pluviomètre.

les eaux de pluie, et à les conduire dans une
citerne qui assure l'alimentation des habitants.
Plus au midi, vers la pointe du plateau, on
aperçoit une tour (reste d'un *moulin à vent*) bâti
en 1652 (il y en eut autrefois plusieurs à cet
endroit), une statue de Notre-Dame des Neiges,
assez endommagée par la foudre, et un *pluviomètre.*

La tradition rapporte que, de la partie la plus
avancée de la terrasse, les condamnés à mort
étaient précipités dans le vide.

Description du
panorama pris
des Baux sur les
environs.

Il faut s'arrêter longuement devant la vue
splendide qui s'offre à nos yeux, et que l'on
considère comme une des plus belles de
Provence. Au plus loin, vers l'ouest, le regard
peut s'étendre, par les temps clairs, jusqu'aux
murs d'*Aigues-Mortes*, dont on devine la tour
de *Constance*, puis successivement, embrasser à
l'horizon, en se reportant au midi, les *Saintes-
Maries*, l'étang de *Vaccarès*, la *Grande Camargue*,
avec les nombreuses embouchures du Rhône,
le golfe de *Fos*, puis les plaines caillouteuses
de *la Crau*.

A l'est se profilent les montagnes de la *Sainte-
Baume*, le *Pilon du Roi*, la montagne de *Sainte-
Victoire*, dominant *Aix*, la chaîne de l'*Estaque*
encaissant l'étang de *Berre*, et plus près, au
sud, se distinguent *Miramas*, *Salon*, l'Etang du
Comte, les paluds.

Dans un cercle plus rapproché, l'œil découvre à droite, *Arles*, *Montmajour*, et les villages les plus voisins, comme le *Paradou*, *Maussane*; *Mouriès* se montre ensuite avec, tout à fait à gauche, les montagnes de la *Vacquière*, dont le castellas d'*Aureille* est le point de départ.

Nous allons maintenant parcourir les ruines du *château des Baux*. On y arrive par une brèche pratiquée entre la tour *Sarrazine* et la tour des *Bannes*. Là où nos yeux ne voient qu'un terrain vague s'élevaient au seizième siècle de nombreuses habitations, et s'étendait un quartier populeux. Une des constructions les plus importantes paraît avoir été la grande maison *de Lère*, avec son jardin sur le devant, ses cours derrière, s'étendant jusqu'au rempart de la *tour des Bannes*. De vieux titres nous apprennent qu'édifiée en 1545, elle fut achetée aux hoirs de *Pierre de Lère*, par *Jehanne de Quiqueran*, et revendue par son héritier, *Jacques de Boches*, à *Loys de Vallence*, le 8 janvier 1589, et moyennant le prix de 500 écus d'or (l'écu d'or valait à cette époque à peu près 10 fr. 65 de notre monnaie).

Robida, dans *la Vieille France (Provence)*, esquisse ainsi l'extraordinaire ensemble des ruines du vieux château : « Un rempart, ou plutôt un escalier, dont chaque degré est une tour presque monolithe, une ligne de rochers

Maison de Lère.

Description d'ensemble des ruines du château des Baux.

découpés en muraille, monte jusqu'au bloc principal de la formidable acropole. Montagne et forteresse, rocher, tour et château sont à peu près d'une seule pièce. Les princes des Baux ont pris cette montagne, l'ont creusée, fouillée, découpée ; ils en ont fait une immense et extraordinaire citadelle, moitié caverne, moitié palais, certainement la création architecturale la plus fantastique du monde en son temps, et actuellement la plus invraisemblable des grandes ruines du moyen âge.

Au bas des pentes, un champ de pierres, tombées de la grande démolition ; plus haut, des lignes de murs écroulés, des portes, des salles, dont il ne reste que l'aire aux dalles bouleversées, des trous profonds qui furent des salles basses, un vestibule encore en partie couvert de ses voûtes ogivales, des morceaux de tours, des traces de voûte, d'autres salles encore plus haut, des portes restées à toutes les hauteurs dans la falaise, des escaliers boisés, et, dans la masse, de grandes ouvertures irrégulières laissant voir le ciel à travers le rocher. Enfin, au sommet de cette carcasse géante, des blocs moitié roc, moitié tour, et une espèce de grand donjon, ébréché au sommet, taillé aussi en plein roc. »

Avant de quitter l'emplacement du château, il faut, du haut de la tour *Parravelle*, jeter un coup d'œil sur l'admirable tableau qu'on y découvre, des *Cérennes*, de *Montpellier, Nîmes* et, plus près, sur les lacets de la route de *Saint-Rémy.*

Sur le versant sud du plateau, on peut aller voir deux antiques stèles romaines, désignées dans le pays sous le nom de *Trémaïé* et *Gaïé.* Un sentier s'embranchant au nord du village, sur la route, en laissant à gauche la croix de *Machine,* y mène en peu de temps. En 1355 *Robert de Duras* s'empara des Baux par surprise. Sur les ordres de la reine *Jeanne 1ᵉ de Naples*, comtesse de Provence, *Raymond des Baux* alla délivrer la place, ce qu'il obtint rapidement, grâce à une machine de guerre ou baliste qu'il fit construire. Les habitants des Baux érigèrent, en souvenir de cette délivrance due à la machine de guerre, une croix appelée croix de Machine, à l'endroit même où la baliste avait été élevée.

La première stèle, les *Trémaïé,* montre un groupe de trois personnages sculptés en moyen relief, sur un bloc de molasse détaché de la montagne.

La croyance populaire a voulu reconnaître dans ces personnages les *saintes Marie-Jacobé, Salomé* et leur *servante Sara,* et elle leur a élevé, il y a une cinquantaine d'années, la petite chapelle qu'on voit aujourd'hui. Voici com-

Les Trémaié

ment le Bulletin de statistique du département des Bouches-du-Rhône décrit les *Trémaïé* :

« Sur un quartier de roche écroulé du plateau des Baux, M. de Lagoy a découvert un bas-relief, taillé à douze pieds du sol. C'est une niche de cinq pieds et demi de haut, sur quatre pieds et demi de large, surmontée de trois palmettes, et dans laquelle sont sculptées trois figures de grandeur naturelle, vêtues à la romaine. Au-dessous de la niche, dans un espace qui aurait été aplani à cet effet, on avait gravé une inscription ; elle est dégradée en grande partie ; on ne lit plus que la fin de la première ligne, et quelques mots de la seconde, ainsi qu'il suit. »

. . . . F. CALDUS.

AE. POSUIT.   P. . . . . .

Cette stèle est orientée au sud du vallon d'*Entreconque.*

L'opinion la plus générale des archéologues fait de ces trois personnages *Marius*, *Marthe* la prophétesse et *Julie*, femme de Marius. Elle se fonde 1° sur la présence de l'armée de Marius aux Baux ; 2° sur le costume parfaitement reconnaissable des figures représentées.

La deuxième stèle, orientée au nord-ouest les *Gaïé*, se trouve à environ 250 mètres de l'autre ; elle est moins importante que la première, mais c'est un des plus rares monuments de l'antiquité païenne. Les archéologues y voient un autel destiné aux sacrifices.

Ce qui semble confirmer leur dire, c'est que la partie supérieure de la stèle forme un plan incliné, dont la surface de base est entaillée d'une rigole qui aboutit entre les têtes (manquantes) des deux personnages. De cette rigole, on recevait dans les coupes, pour l'offrir aux dieux, le sang des victimes immolées. Ces deux personnages seraient également, suivant les mêmes autorités, *Marius* et *Marthe* la prophétesse. — *Gaïé : Cait Marit imagines.*

Il reste encore à visiter le *Pavillon de la reine Jeanne*, le *Val d'Enfer* et la *Grotte des Fées*.

Prenons le chemin menant vers *Baumanière* dans le vallon de *la Fontaine*.

Nous arrivons à l'emplacement de l'ancien jardin seigneurial, avec sa vieille porte murée, les ruines de son enclos, et, dans un retrait, nous découvrons un vrai bijou d'architecture de la Renaissance. C'est une sorte de pavillon à double voûte, délicatement sculpté et appelé dans le pays, le *Dôme de la reine Jeanne*.

Le pavillon de la reine Jeanne.

Le génie de notre grand poète *Frédéric Mistral* a porté et immortalisé aux quatre coins de l'univers le nom de la *Grotte des Fées*, l'antre de *Taven*, la brave sorcière du poème de *Mireille*. Une relation fidèle et succincte de l'exploration de cette grotte permettra au

La grotte des Fées.

touriste de revivre un instant par la pensée
une des scènes les plus pathétiques de ce

Pavillon de la Reine Jeanne   (Cl. Genouillat).

chef-d'œuvre de notre langue provençale.

« La *Grotte des Fées* s'ouvre, dit *Jules Gavet* (1), à l'ouest de l'historique rocher des Baux, à mi-flanc des pentes pittoresquement érodées qui forment la rive droite du ravin de la Fontaine. De l'élégant pavillon de la reine Jeanne, il faut tout au plus vingt minutes pour en atteindre l'entrée.

« Celle-ci, orientée vers le nord-est, se présente sous forme d'un puits creusé au pied d'un roc, s'élevant à pic au milieu d'un semblant de ravin. En 5 mètres de dégringolade, sur des blocs en gradins, on atteint l'antichambre, *lou Recatadou di rato-penado*. A cette pièce succède un couloir de 12 mètres, légèrement bas à l'exode, *lou resquihadou de Vincèn e Mirèio*, conduisant dans la première salle, *la Baumo de la Masco Taren*, longue de 30 mètres, large de 6 mètres et haute de 3 à 4 mètres.

« Presque à l'extrémité, un gouffre profond de 6 mètres s'ouvre béant, mais nullement dangereux, puisque la base en est accessible sans corde.

« Au delà, le visiteur arrive à un carrefour.

« Pour nous conformer à l'idylle de Mirèio, nous dévalerons à gauche dans *lou Gourgaréu infernau*, peu sinistre pourtant, exiguïté à part. A 18 mètres gît un mamelon stalagmitique

______

(1) Bulletin de la section de Provence du Club alpin français.

noirâtre, figurant, avec un peu de complaisance, une femme couchée : c'est le sarcophage de la sorcière l'*Atahut de Misé Taven*. Cinq mètres plus loin, nous rencontrons les *Pains de sucre*, représentés par des rudiments stalagmitiques ; et l'infernal couloir se déroule sur 40 mètres.

« Enfin, voici le terme du cauchemar ! On respire. Une petite salle, *la Chambro de la Mandragouro*, s'ouvre là propice. Entrons résolument dans un nouveau couloir, plus ample celui-là, coudé presque à angle droit et revenant dans la direction nord-sud, c'est-à-dire vers l'entrée, à un niveau bien inférieur : il est appelé d'abord *Gorgo dis Escarava*, puis *Courradou de l'Esperit fantasti*. A sa suite s'étend la plus vaste salle de la grotte (40 mètres de long) *la Cauno di Trevant*, repaire des fantômes.

« On pénètre dans *lou Sèti de la Bugadièro*, par un goulet de 5 mètres, *lou Pas de la Bambaroucho* et l'on doit retourner sur ses pas. Revenant à la première salle, du point de bifurcation précité, nous déambulerons vers le sud, sur un talus d'éboulis offrant 5 mètres de déclivité, dans la douzième salle, toute jonchée, comme les autres, de blocs épars.

« Tout au fond, à gauche, un étroit passage, *lou Pas de l'agnèu negre* nous amènera, par un pénible étranglement, dans l'ultime chambre du *Trou des Fées*. C'est là, dans *la Salo de l'Esconjur*, que s'est déroulé le dernier acte du drame.

Voyez, figée en une masse calcaire, *l'oulo di Sti Cat*, d'où Misé Taven, avec son bras décharné, retira la drogue dont elle aspergea la blessure de Vincent, étendu sur *la Taulo de pourfire*.

« Il faut croire que la caballistique mixture dut efficacement opérer, car, sitôt terminée l'application, le couple tout ragaillardi ne fit qu'un saut jusqu'au boyau par lequel il put aller revoir le beau soleil de Provence sur les hauteurs de la montagne de Cordes, à 10 kilomètres de là.

« Voilà la description de cet antre fameux.

« Son dévoppement, toutes ramification comprises, accuse 206 mètres. Il est creusé en entier par érosion dans le niveau de la molasse marine helvétienne, dont les bancs présentent au dehors des allures extraordinaires ».

Le Val d'Enfer. On descend le sentier par lequel on est venu, et on pénètre dans la gorge appelée *Val d'Enfer*, dont l'aspect est des plus fantastique et sauvage. « Nulle part, dit *Jules Canonge*, je n'ai vu des roches aussi tourmentées ; elles se dressent, se creusent, se prolongent sur le vide en gigantesques entablements, jardins aériens qui soutiennent des végétations échevelées. » Le *Val d'Enfer* est long d'environ 300 mètres ; il aboutit aux carrières de pierre dites de *Sarragan*.

On suit la route pendant une centaine de mètres, et l'on revient aux Baux par le chemin des *Portalets*, rochers bizarres prenant parfois une apparence de portail, de là leur nom. *Les Portalets.*

Au-dessus du trou des Fées se rencontre la place de l'ancien camp, dit *camp de Richelieu*, sur la montagne *Costa Péra* ; c'est là que s'établit le *capitaine de Saucourt* pour faire le siège des Baux en 1631. La ville des Baux avait pris parti avec son gouverneur du moment, *Antoine de Villeneuve*, sieur de Mons, pour le *duc d'Orléans*, contre l'autorité du *roi Louis XIII*, et avait refusé d'ouvrir ses portes aux gens du roi. *Le camp de Richelieu.*

Sur cette même montagne de *Costa Péra*, l'illustre général romain *Caius Marius* avait fait construire un camp retranché dont on voit encore les restes. Comme beaucoup d'ouvrages romains de ce genre, il était édifié à pierre sèche, et l'on voit encore au centre de l'enceinte une citerne dont la paroi supérieure est parfaitement intacte. *Camp romain de Costa Péra.*

Un deuxième camp romain, plus spécialement désigné dans le pays comme *Camp de Marius*, était assis sur un monticule, au nord, dominant le village : on y accède par un sentier à peine tracé aboutissant sur la route qu'on laisse à gauche pour entrer dans les Baux. *Deuxième camp romain dit camp de Marius.*

Le plateau du village et le plan du château durent former aussi autrefois l'enceinte principale d'un campement romain, qui céda la place aux fortifications plus récentes des princes de Baux.

La partie nord, en face du deuxième camp romain, offre des vestiges d'anciens remparts de même origine et de deux cimetières, l'un romain, l'autre celtique, dont tous les tombeaux vides, sont creusés à même dans le roc.

Une belle cheminée que l'on peut voir à gauche, près de là, est, paraît-il, tout ce qui demeure d'un édifice servant de *tribunal* vers le seizième siècle.

Indiquons encore dans le vallon d'*Entreconque*, près des limites de la commune de *Maussane*, les restes d'un *aqueduc* vouté, construit en pierre et enduit d'un ciment rouge. Cet aqueduc mesure environ 75 à 80 centimètres de largeur. Sa direction est de l'est à l'ouest, dans le territoire de *Maussane*. De là, il vient aboutir au *domaine de Manville*, dans la commune des *Baux*. La tradition veut qu'il ait conduit les eaux à l'amphithéâtre d'*Arles*, en passant par l'*aqueduc de Barbegal*, où l'on remarque ce curieux bas-relief de Neptune. Ainsi se termine la visite des Baux et des points les plus intéressants des alentours.

De jour en jour se désagrège, s'effondre la

Anciens cimetières romain et celtique.

Vestiges d'une maison de justice du seizième siècle.

Restes d'un aqueduc romain.

vieille cité, autrefois capitale des terres baussenques et maîtresse de soixante-trois places
fortes en Provence. Là résidait jadis, dans de
superbes hôtels et des maisons élégantes, la
principale noblesse du Midi ; là s'agitait au
moyen âge une population très importante
pour l'époque.

L'église paroissiale Saint-Vincent semble
seule défier les siècles et garder l'étonnant
privilège de rester à la fois l'un des plus anciens monuments des Baux, et l'un des mieux
conservés.

Les Baux sont classés *monuments historiques.*
— Ils le furent malheureusement un peu trop
tard.

Bien des parties précieuses auraient pu, avec
cette protection officielle exercée à temps,
échapper au vandalisme des carriers et aux
hasards du brocantage.

Actuellement, dit le *Bulletin de la Société des
Amis du vieil Arles* (n° de Janvier 1905, page
123) l'administration des monuments historiques s'occupe très activement de tout ce qui
intéresse la conservation du site et des monuments des Baux, et fait procéder, sous la direction de MM. les architectes Formigé et
Véran, à de très utiles et importants travaux.

La restauration de la vieille église paroissiale
Saint-Vincent et la consolidation de l'entrée

du donjon qui menaçait ruine, sont aujour-d'hui terminées.

Les travaux de consolidation de l'entrée de ville, dite *lou pourtaou*, des remparts, de plusieurs maisons anciennes et de la chapelle Saint-Claude-Saint-Blaise sont en cours d'exécution.

Enfin l'administration fait procéder à la transformation en Musée de l'ancien Hôtel de la Tour de Brau, dit « le Trencat », et au levé d'un plan général de la vieille ville, permettant de désigner par des plaques indicatrices, d'après des documents authentiques, les rues et les principaux édifices.

DEUXIÈME PARTIE

LA VILLE ANCIENNE

SES PREMIERS SEIGNEURS PRINCIERS ; SES BARONS ET GOUVERNEURS VIAGERS ; SES CAPITAINES ET VIGUIERS ROYAUX (1)

Nous avons déjà dit que la merveilleuse situation défensive des Baux fut utilisée par les Romains et que les camps retranchés établis par eux à *Costa Péra*, aux *Bringasses*, et sur

(1) Nom donné dans le midi de la France à un gouverneur militaire représentant direct du roi ou d'un comte suzerain, et appelé plus communément vicomte en d'autres contrées. Le titre de vicaire fut de même employé plus anciennement en France, et se maintint surtout en Italie pendant le moyen âge. C'est dans la charge de vicaire impérial de Lombardie que plusieurs des Visconti, seigneurs puis ducs de Milan, se rendirent tristement fameux.

l'emplacement du même château, virent le séjour de *Marius* et de ses légions. Laissant de côté toutes les interprétations fabuleuses apportées autrefois pour expliquer l'origine du nom des Baux, nous nous rangeons à l'opinion la plus fondée qui fait venir le mot *Baux* — *Baou*, en provençal — du terme générique *baï ou baou*, qui en ligurien, signifie hauteur, escarpement.

De nombreuses désignations de ce genre attachées aux grottes ou rochers escarpés qui caractérisent le pays comme *Bau-manière, Bau-mirane,* ·*Bau-baisse,* etc., ont dû amener à employer le pluriel *Baux* pour dénommer l'ensemble du lieu. Lé château qui y fut bâti s'appela château des Baux, et ses seigneurs devenus héréditaires en prirent le nom.

Il est difficile de préciser l'époque de la construction de l'antique château, sous la protection duquel les vassaux des premiers seigneurs vinrent s'abriter et former peu à peu un centre de population.

Les savants travaux de M. *Blancard* et du Dr *Barthélemy* ont permis de retrouver le nom du premier connu des seigneurs des Baux, le *comte Leibulfe,* qui vivait à la fin du huitième siècle. Suit *Poncius,* père *d'Ison,* père lui-même de *Pons l'Ancien.* Celui-ci eut pour fils *Pons le*

Jeune. Ce seigneur, riche propriétaire du comté d'Arles, est cité dans deux chartes de Montmajour, et dans une autre relative à l'église Saint-Etienne d'Arles, au dixième siècle.

On ne sait au juste lequel de ces premiers seigneurs éleva le manoir féodal sur ce plateau détaché des *Alpilles* et dominant toute la vallée : situation que de vastes marais à l'entour rendaient inexpugnable, sauf du côté nord. *Hugues* (981-1060), fils de *Pons*, fut le premier de la famille qui prit le nom patronymique de Baux.

Raymond de Baux (1095-1150), petit-fils du précédent et mari d'*Etiennette*, fille de *Gilbert, comte de Provence*, disputa l'héritage de la couronne de Provence, du chef de sa femme, à *Raymond Bérenger IV, comte de Barcelone*, son beau-frère.

Il dut se soumettre en 1150.

Le château des Baux, ainsi que tous les domaines de la famille, furent confisqués, mais bientôt rendus à la veuve de *Raymond de Baux* et à ses fils, mais à condition expresse qu'eux et leurs descendants prêteraient hommage et serment de fidélité à leur suzerain naturel, *Raymond le Jeune, comte de Barcelone*.

Hugues (1150-1170), fils de *Raymond*, ne pouvant supporter sa nouvelle condition de vassal

Période du Moyen Age.

Chronologie des premiers seigneurs princiers des Baux et leur abrégé historique.

d'un prince étranger, reprit les armes quelques années après la défaite de son père ; il fut assiégé dans son château par les comtes catalans *Raymond Bérenger*, oncle et neveu. Vaincu et dépossédé de son héritage, il s'expatria en Sardaigne, où son fils *Hugues*, dit *Poncet*, fonda la dynastie des *Juges d'Arborée*.

Bertrand Ier des Baux (1130-1181), *prince d'Orange* par son mariage avec *Tiburge, fille de Raimbaud III.*

Unique représentant de la famille en Provence, il obtint, pour prix de sa soumission au comte de Provence, la restitution de la seigneurie des Baux qui passa après sa mort, et par suite de partage entre ses enfants, dans les mains de *Hugues des Baux Ier.* Les deux frères *Bertrand* et *Guillaume* formèrent, le premier la branche des *seigneurs de Berre, Marignane, Istres, Meyrargues* et *Puyricard*, et le deuxième continua celle des *princes d'Orange.*

Hugues Ier (1173-1240), souche nouvelle des seigneurs des Baux, *comtes d'Avellin*, devint vicomte de *Marseille*, par son mariage avec *Barrale*, fille du *vicomte Barral*, et fut nommé consul d'Arles en 1206.

Barral (1217-1268), sénéchal de Toulouse en (1236), podestat d'Arles en 1249 et d'Avignon en 1250, seigneur des Baux, de 1240-1268.

Bertrand (1244-1305), créé *comte d'Avellin* par *Charles d'Anjou*, transmet ce titre à ses descendants. Il fut seigneur de *Pertuis*, baron *d'Aubagne* et *seigneur des Baux*, de 1268 à 1305.

Raymond Ier, comte d'Avellin, sénéchal de Provence en 1315, seigneur des Baux, de 1305 à 1321.

Hugues II, comte d'Avellin, grand sénéchal de Provence, grand amiral du royaume de Naples, seigneur des Baux, de 1321 à 1351.

Robert, comte d'Avellin, seigneur des Baux, de 1351 à 1353, meurt assassiné comme son père Hugues.

Raymond II, comte d'Avellin, père du précédent, seigneur des Baux, de 1354 à 1372.

Alix, fille de *Raymond II*, dernière comtesse d'Avellin, mourut sans postérité ; elle fut dame des Baux de 1375 à 1426. Dans son dernier testament fait au château des Baux, le 7 octobre 1426, *Alix* donne 200 florins à *Siffroy de Gigondas*, son capitaine, avec mission de remettre la forteresse à son héritier universel, *Guillaume des Baux, duc d'Andrie*, son plus proche parent.

Mais la *reine Yolande d'Aragon*, mère de *Louis III d'Anjou*, roi de Naples, de Jérusalem et de Sicile, comte suzerain de Provence, so saisit au nom de son fils, par droit d'aubaine, des biens d'Alix, et le château des Baux fut

Extinction de la deuxième branche seigneuriale des Baux.

Les princes de la maison d'Anjou, comtes de Provence, s'emparent de la seigneurie des Baux par droit d'aubaine, 1427.

remis, le 21 février 1427, par *Charles d'Urgel*, évêque de Tortose, et *Siffroy de Gigondas* à *Jean d'Arlatan*, commissaire député, par le *prince Charles*, lieutenant général en Provence de son frère Louis III.

La seigneurie des Baux fut dès lors annexée à la couronne de Provence, qui accorda à la communauté baussenque tous les privilèges et libertés qu'elle désirait.

Ainsi s'éteint la plus noble et la plus puissante famille féodale de Provence.

Pendant tout le moyen âge, on retrouve son nom à toutes les pages glorieuses ou troublées de notre histoire, et sa vaillance indomptable tint en échec pendant cent ans les attaques des princes catalans et de Charles d'Anjou (1).

Alliances souveraines de la maison ès Baux.

(1) L'attention du public ayant été récemment attirée sur les souverains actuels qui peuvent descendre de la maison des Baux par alliance, nous croyons intéresser nos lecteurs en donnant la liste complète des unions contractées par cette maison avec des familles régnantes ou devenues telles : 1° Provence-Barcelone, en 990, 1112, 1144 ; 2° Pologne en 1166 ; 3° France, 992, 1231 ; 4° Orange, 1173, 1200 ; 5° Savoie 1244 ; 6° Angleterre, 1196, 1445 ; 7° Nassau, 1234 ; 8° Brunswick, 1376. — Nous ignorons comment on peut faire descendre des princes des Baux le roi de Serbie, issu du fameux porcher Miloch Obrenovitch, héros de l'indépendance serbe en 1804 et fondateur de la dynastie ?

En perdant son autonomie, la ville des Baux s'acheminera petit à petit vers son déclin, jusqu'au moment où elle n'offrira plus que des ruines infimes, où il sera difficile de reconnaître une unité d'architecture quelconque, et encore plus de se faire une idée des distributions intérieures primitives.

Elle va désormais être réduite au rôle d'une place de refuge que des partis rivaux se disputeront.

**

Les franchises et libertés promises par *Jean d'Arlatan* à la ville des Baux furent accordées par le roi *Louis III* et confirmées plus tard par *René d'Anjou* son successeur ; dès lors elle devint chef-lieu de *baronnie* et de *viguerie royale*.

Règne de Louis III d'Anjou.

Le roi fit restaurer les remparts et les tours du château en 1444, et donna à viager cette baronnie le 1er février 1459, à sa deuxième femme *Jeanne de Laval*. Celle-ci se plut à embellir le château des Baux et à en faire un séjour agréable.

Règne de René d'Anjou qui donne les Baux en résidence viagère à sa femme, la reine Jeanne, 1459.

Lorsque son mari mourut à Aix en 1480, elle fit transporter ses dépouilles à Angers, où elle lui fit élever un tombeau magnifique et où elle-même voulut finir ses jours.

Son héritier,
Charles du Mai-
ne lègue le comté
de Provence
avec les Baux à
la couronne de
France.

Charles du Maine, neveu du *roi René* et son successeur, ne jouit pas longtemps du comté de Provence ; il mourut le 11 décembre 1471 léguant tous ses domaines à la couronne de France.

***

Démolition du
château et des
remparts des
Baux par ordre
de Louis XI.

Un des premiers actes du roi *Louis XI*, en entrant en possession du comté, fut d'ordonner en 1483, la démolition des remparts et du château des Baux. Depuis la mort d'*Alix,* dernière comtesse d'*Avellin,* les capitaines gouverneurs des Baux furent toujours nommés par

Période de la
Renaissance et
des temps mo-
dernes.

les comtes de Provence et les rois de France et leurs successeurs.

Pendant le quinzième siècle nous voyons se succéder dans cette charge :

Chronologie des
barons viagers,
gouverneurs,
capitaines et vi-
guiers royaux
des Baux.

Noble *Jean de Saint-Michel* (1427), seigneur de Bauzon.

Noble *Jean d'Arlatan* (1458), des seigneurs de Beaumont.

Noble *Philibert de Stainville* (1465), de l'illustre maison lorraine de ce nom.

Noble *Guillaume de Montmorency* (1480), des seigneurs d'Écouen et de Chantilly.

Noble *Raymond d'Agout* (1481), seigneur de Ciplère.

Une rue des Baux

Noble *Jean de Baudricourt* et *François de la Bruyère* ou de Brugeris.

Baudricourt, par sa charge de lieutenant général du roi, était dispensé de la résidence, mais François de la Bruyère le remplaçait dans les fonctions de capitaine-viguier (1483-1495).

Louis de Luxembourg, comte de Ligny, prit le gouvernement des Baux le 5 mai 1499.

Trente-deux ans après l'annexion de la Provence au domaine royal, *Louis XII* donne à viager, le 4 mai 1513, les château, place, terre et seigneurie des Baux avec ses droits et revenus, à *Frère Bernardin des Baux*, prince illégitime et étranger de la maison des Baux, chevalier de Rhodes et de Saint-Jean de Jérusalem, maître d'hôtel et conseiller du roi, pour le récompenser de services rendus en qualité de capitaine des galères royales. *Bernardin des Baux* meurt en Décembre 1527, instituant le roi François Ier son héritier.

Celui-ci préféra s'emparer par droit d'aubaine des biens meubles et immeubles, galères et galions de Frère Bernardin, sous prétexte qu'il était « estrangier albain (1), né hors du royaume, etc. », et il les donna en Mars 1528 à *Anne de Montmorency*, maréchal de France.

(1) Aubain, c'est-à-dire, en vieux français, étranger non naturalisé.

En même temps, noble *Claude Ier de Manville* (1528) « chevallier de l'ordre de Saint-Jean de de Jérusalem, déjà cappitaine général galleaires et vaisseaulx du Roy » était investi de la charge de capitaine viguier royal des Baux, avec noble *Jean de la Vèze* pour lieutenant. Il est assez curieux de noter qu'en l'absence du seigneur gouverneur, sa femme, noble damoiselle *Philippine de Brion*, bailli royal des Baux, le remplaçait dans les affaires courantes de la baronnie. Les terres qui s'étendent directement sous les Baux, notamment, furent distraites du domaine royal pour être érigées en Mars 1544 comme grand fief ou haut justicier, par François Ier, en faveur et au nom de Claude Ier de Manville, pour reconnaître ses vaillants services comme capitaine général des galères royales.

Vers 1543, messire *Claude de Savoie, comte de Tende*, sénéchal de Provence, est délégué aux Baux pour essayer de ramener la paix religieuse dans la contrée, et il réside toute une année au château, avec Françoise de Foix, sa femme.

Anne de Montmorency fut usufruitier des revenus de la baronnie jusqu'à sa mort en 1567. Le connétable de France, lors du passage de François Ier à Avignon, eut l'honneur de recevoir son royal maître au château des Baux, le 7 mai 1538, fait dont on retrouve un récit suc-

Séjour du comte de Tende aux Baux.

cint consigné dans les tablettes d'un notaire, André Salomé, fixé à cette époque aux Baux.

« L'entrado du roy de France que fit ès Baux — Nota que l'an de grâce MCXXXVIII et le vendredi XVII de may, le très chrétien roy de France, Françoys premier de ce nom, entra dedans les Baux, aussi monseigneur le Dauphin et monseigneur d'Angolême, le roy de Navarre, monseigneur le conestable, monseigneur lamyral de France, le comte de Sainct-Poul, monseigneur de Vendôme, monseigneur le cardinal de Loreyne, etc. » (Archives de M⁰ Laville, notaire à Mouriès).

Claude Iᵉʳ de Manville mourut en 1547 à Paris, et il fut enterré dans l'église des Cordeliers (saccagée par la Révolution et devenue actuellement le musée Dupuytren). Chose assez remarquable encore, sa veuve, *Philippine de Brion*, conserva jusqu'à sa mort, survenue en 1553, l'administration de la seigneurie royale, noble Jean de la Vèze, la secondant dans les affaires militaires. *Pierre de Cothéron*, originaire de Tarascon, succéda dans le gouvernement des Baux en 1553, et le transmit en 1560 à *Jehan de Manville*, fils de noble *Guillem de Manville* et de Marie d'Aymar, et héritier avec son frère Claude II des grands biens de feu leur oncle Claude Iᵉʳ.

Il fut nommé par le roi pour remplacer de

fait comme gouverneur, en même temps que viguier, le connétable de Montmorency, qui retenu prisonnier à la bataille de Dreux (1561), finit par se faire tuer en 1567, à la bataille de Saint-Denis, par les réformés. Mais Jehan, installé dans sa charge le 15 avril 1561, dut à la suite d'un insuccès contre une attaque des protestants, entrés dans les Baux par surprise, céder la place de gouverneur à *Jehan de Quiqueran-Ventabren* (1562-63).

Gauchier de Quiqueran-Ventabren (1563-1564), catholique zélé et neveu du précédent, reprit les Baux aux réformés, et le comte de Sommerive le nomma, au nom du roi, capitaine-viguier. Noble *Valentin de Grille* (1564-1570), seigneur de Robiac, obtint ensuite le gouvernement, mais *Honoré des Martins*, sénéchal de Nîmes et Beaucaire, conseiller du roi, seigneur de Puylobier (et qui tout en signant *Grille* était d'une origine absolument distincte de la famille de ce nom), ayant été appelé à administrer la baronnie des Baux, rendit la charge de viguier royal à *Jehan de Mancille*, qui la garda jusqu'en 1575. *Honoré des Martins*, secondé par sa femme Jehanne de Quiqueran, fit beaucoup pour pacifier les esprits, et gouverna avec sagesse et douceur jusqu'en 1582.

Jacques de Boches, seigneur de Vers (1582-1621), neveu par sa mère, Marguerite de Qui-

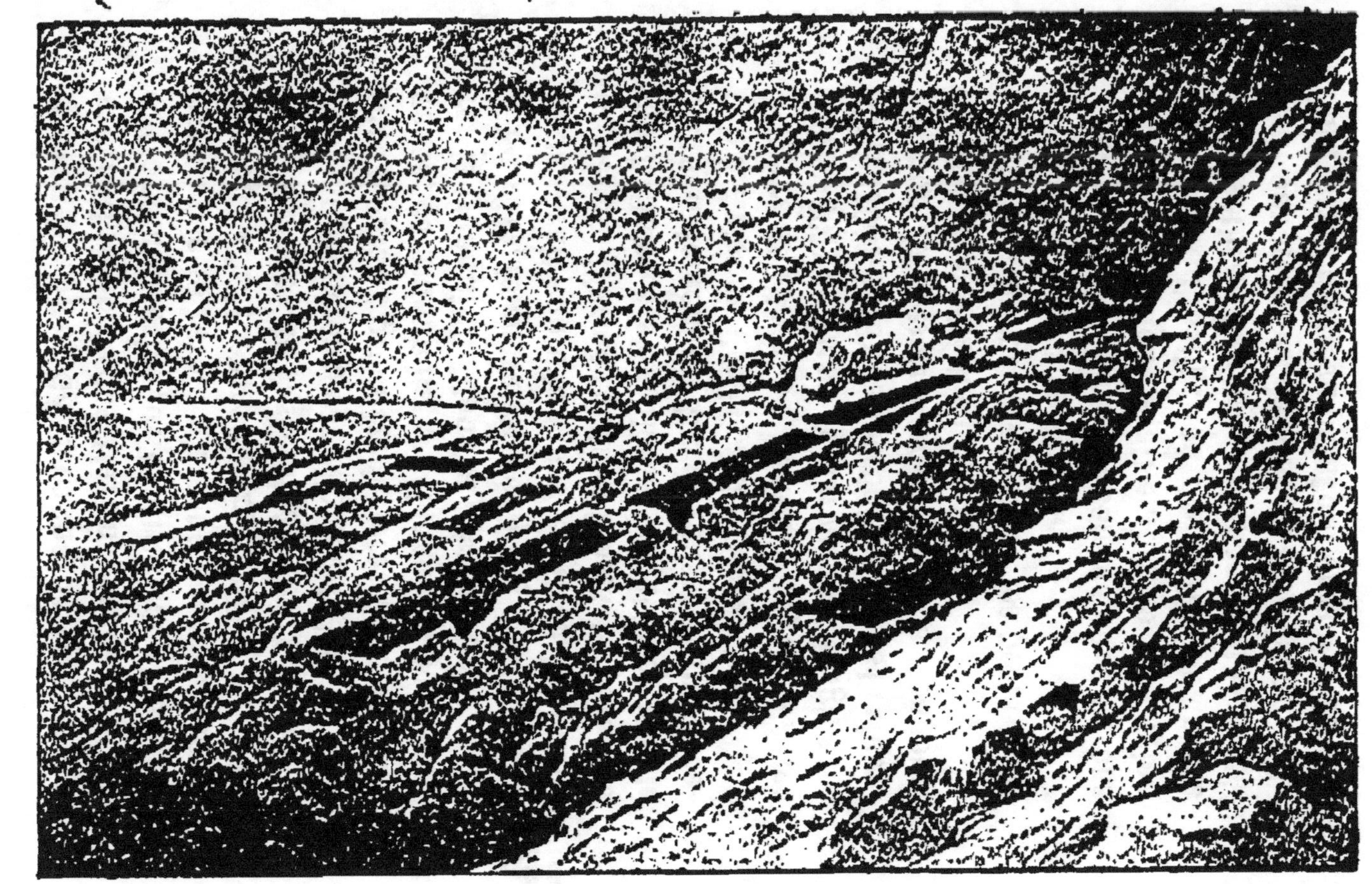

Tombeaux Gallo-Romains des Baux

queran-Beaujeu, de Jehanne de Quiqueran, veuve d'Honoré des Martins, succède à son oncle comme seigneur usufruitier. Henri IV, pressé par le besoin d'argent, eut un moment le projet d'aliéner les Baux, en 1597, mais les remontrances de l'assemblée des Trois-Etats l'en empêchèrent, car elle considérait à juste titre les Baux première forteresse de la Provence, comme indispensable au roi, pour assurer la tranquillité dans la province.

En 1614, le chevalier de Guise, de visite aux Baux, avait voulu braquer et tirer lui-même un canon. L'arme éclata et blessa le prince à mort. Selon ses dernières volontés et par le commandement du duc de Guise, il fut enseveli à Arles en l'église Saint-Trophime.

Mort du chevalier de Guise aux Baux.

Pierre de Véran ou *Verace*, écuyer d'Arles (1575-1607) et *Pierre de Savournin*, originaire d'Aix (1607-1618), se succédèrent dans la viguerie, que *Jacques de Vérassy* obtint à son tour, en 1618, et garda jusqu'en 1631.

Une réaction fort vive contre les protestants se produisit avec ce dernier.

Claude II de Manville, comme nous l'avons dit précédemment, avait embrassé la religion réformée, à l'instigation de sa femme, noble damoiselle de Paul de Lamanon, et il la protégeait ouvertement de concert avec Jehanne de Quiqueran, jusqu'au point de consacrer au service du culte une partie de son hôtel, aux Baux (là où s'étale la devise protestante mentionnée, page 10).

Lorsque Jacques de Vérassy chassa de la ville tous les protestants, Pierre de Manville, fils de Claude II, put, grâce à son droit de haute juridiction, donner asile à leurs réunions, soit au château de Manville soit au grand moulin de ce nom. Jacques de Vérassy en profita pour contester à ce sujet la validité desdits droits de juridiction et il fit des démarches actives pour faire arracher à Pierre de Manville les terres de sa seigneurie et les faire réincorporer au domaine de la couronne.

Une transaction eut lieu, par laquelle le seigneur de Manville, pressé de toutes parts, dut renoncer en 1621 à ses prérogatives de haute juridiction et voir raser et ruiner ses œuvres de défense.

Sur ces entrefaites, *Antoine de Villeneuve*, seigneur de Mons en Provence, premier maître d'hôtel du duc d'Orléans et époux de Loyse de Luynes, fut appelé cette même année au gouvernement des Baux (1).

(1) Artefeuille indique les Villeneuve, seigneurs de Mons, en Provence, comme formant le sixième rameau de la branche des Villeneuve, marquis de Trans, issue de ce Raymond de Villeneuve, qui vers l'an 1130 passa de Barcelone en Provence pour se joindre au parti d'Etiennette des Baux.

Nous avons vu plus haut, en parlant du camp dit de Richelieu, qu'il prit fait et cause, ainsi que les habitants des Baux, pour le duc d'Orléans, contre l'autorité du roi Louis XII. Après

Ruines du château — (Cl. Genouillat).

la reddition de la place (Juillet 1631) entre les mains du capitaine de Saucourt, cette rébellion valut à Antoine de Villeneuve son rappel à la cour, puis sa disgrâce.

A noter que Charles de Grille, écuyer d'Arles, nommé secrètement viguier par le roi Louis

XIII (Juin 1631), à charge de s'emparer des Baux, n'y put réussir, et la viguerie, aussitôt après le succès de Saucourt, fut donnée à *Honoré de Laugier* (1632-43).

Gouvernement d'Honoré de Laugier.

Honoré de Laugier, seigneur de Momblanc, nommé gouverneur unique par le roi, appartenait à une vieille famille d'Arles. Sa femme, Madeleine de Barrème, lui donna Charles, qui épousa Alphousine de Glandèves, et Marie-Anne, qui épousa noble Guillaume de Meyran, seigneur de Nans. Pierre de Laugier, son frère, s'était uni à Marie de Manville des Baux, sœur de Pierre de Manville cité précédemment, et qui, lui, avait épousé Julie de Cavaillon, sans en avoir postérité.

Ces attaches de famille, réunissant des chefs de partis religieux contraires, facilitèrent la tâche d'apaisement définitif des esprits qui incombait à Honoré de Laugier.

Louis XIII ordonna le démantèlement de la place, chose qu'on exécuta sous la protection des troupes du duc de la Trémouille, logées à Saint-Rémy et venues camper autour des Baux. Puis, à une séance du conseil général des Baux, présidée par le sieur de la Potherie, intendant de Provence, les conseillers présents eurent la stupéfaction de se voir annoncer que, sur leur demande, Sa Majesté vendait aux habitants des Baux leur propre domaine, par contrat

Déchéance militaire des Baux.

passé (à leur insu !) entre le roi et Charles de Grille, sieur d'Estoublon, moyennant quinze cent mille livres, à payer en un court délai, et réserve pour le roi de la faculté de rachat. C'était le contre-coup fâcheux de l'infidélité d'Antoine de Villeneuve, exploité comme vengeance de son insuccès contre les habitants des Baux par Charles de Grille. La situation était cruelle la pénurie d'argent étant extrême. Honoré de Laugier, chargé par le conseil de résoudre la difficulté, s'acquitta de sa mission avec habileté et réussit à améliorer les conditions de l'emprunt indispensable pour satisfaire aux clauses du contrat de vente.

Mais les difficultés surgissant les unes après les autres, le roi fut amené à mettre un terme à la situation en usant de sa faculté de rachat du domaine des Baux (Avril 1642).

Toujours est-il que les conséquences de cette faute politique, provoquée ou non par Richelieu, furent désastreuses pour les finances de la ville. De là naquirent des procès intentés par des créanciers, qui menèrent directement à sa ruine la population baussenque.

La baronnie des Baux ne resta pas longtemps unie au domaine de la Couronne.

Louis XIII l'érigea en marquisat en 1643, en faveur de Hercule de Grimaldi, prince de Monaco, et de ses descendants, pour le récom-

Louis XIII érige les Baux en marquisat, en faveur de Grimaldi, prince de Monaco.

penser d'avoir chassé de Monaco la garnison espagnole et l'avoir remplacée par une garnison française.

Malgré les protestations du conseil des Baux et de Saint-Remy, alléguant l'inaliénabilité des deux communautés unies définitivement à la couronne des comtes de Provence et des rois de France, le roi céda également au prince de Monaco la terre de Saint-Remy, à fief noble, reversible à ses descendants, dont voici la liste :

Hercule de Grimaldi (1643-51).

Honoré II de Grimaldi (1651-62).

Louis de Grimaldi, duc de Valentinois (1662-1701).

Antoine de Grimaldi (1701-31), dernier du nom.

Jacques de Matignon, fils de François, comte de Thorigny, et de Louise-Hippolyte de Grimaldi, duchesse de Valentinois, seule héritière d'Antoine, succède par substitution à Antoine de Grimaldi, dont sa mère était seule héritière, dans ses biens, son nom et ses armes (1731-51).

Honoré-Camille (de Matignon) de Grimaldi (1751-95). A l'époque de la Révolution, le marquisat des Baux fit retour forcé à la France, moyennant une indemnité assez considérable.

On nous saura gré, pour résumer mieux que nous ne le saurions faire, les impressions qu'éveillent les fastes de la race altière des premiers seigneurs, princes des Baux, et de leur antique château, de laisser un moment la parole à Mistral, notre génial poète, qui leur a consacré d'admirables vers dans son poème de *Calendal* (chant I) :

Extraits du poème de « Calendal » de F. Mistral, relatifs aux princes des Baux.

Raço d'eigloun, jamai vassalo,
Qu'emé la pouncho de sis alo
Afñoure lou cresten de touti lis autour.

(Race d'aiglons, jamais vassale, qui de la pointe de ses ailes effleura la crête de toutes les hauteurs).

L'auro que rounfio encaro, forto
E pouderouso, entre li porto
E dins li tourre à brand de si viel castéu rout,
L'auro dóu Rose dins si veno
Revoulunavo. Di Ceveno
Fin-qu'i mountagno d'ounte aveno
Durènço, aquel aubras gangassavo si brout.

(Le vent qui ronfle encore, fort et puissant, entre les portes et dans les tours branlantes de leurs vieux châteaux démantelés, le vent du Rhône dans leurs veines tourbillonnait. Des Cévennes jusqu'aux montagnes où sourd la Durance, cet arbre vigoureux secouait ses rameaux).

Puis, quelle charmante évocation des princesses des Baux, reines des cours d'amour :

O princesso di Baus ! Ugueto,
Sibilo, Blanco-flour, Bausseto,
Que trounavias amoun sus li roucas aurin,
Cors subre-bèu, amo galolo.

Dounant l'amour, largant la joio
E la lumiero, li mount-joio
De Mount Pavoun, de Crau li trescamp azurin,
Encaro vuei dins soun mirage

Se represénton vostre oumbrage.
Li ferigoulo meme an counserva l'oudour
De vosti piado, e m'es vejaire
Que vese encaro, galejaire,
Gentléu courriòu et guerrejaire,
Que vese à vosti pèd canta li troubadour !

(O princesses des Baux ! Huguette, Sybille, Blanche-
fleur, Baussette, vous qui là-haut pour trône aviez les
rochers d'or, corps exquis en beauté, âmes allègres,
donnant l'amour, versant la joie et la lumière ; les mon-
ticules du Mont-Pabon, les landes azurées de la Crau.
Dans leur mirage d'aujourd'hui, reproduisent encore
votre image ; les thyms eux-mêmes ont conservé
l'odeur de vos traces ; et il me semble que je vois à
vos pieds chanter les troubadours).

Puis, pour finir cette admirable et touchante
explosion d'enthousiasme que nous trouvons
dans le poème de *Mireille* (chant III) :

Se quauque rèi, per escasénço,
De léu venié amourous..
... Uno fes que m'aurié messo
Emperairis e segnouresso,

. . . .

Di Baus farièu ma capitalo !
Sus lou roucas que iuei rebalo,
De nòu rebastirièu noste vièi castelas ;
l'apoundrièu uno tourello.
Qu'emé sa pouncho blanquinello
Ajougneguesse lis estello !

(Si quelque roi, par hasard, de moi devenait amou-
reux... dès qu'il m'aurait mise impératrice et souve-
raine... des Baux je ferais ma capitale ! Sur le rocher
où il rampe aujourd'hui, je rebâtirais notre vieux château en ruines ; j'y ajouterais une tourelle qui, de sa
pointe blanche, atteignit les étoiles !)

TROISIÈME PARTIE

LA COUR D'AMOUR DES BAUX
QUELQUES LÉGENDES ET ANCIENNES
COUTUMES LOCALES

LA MESSE DE MINUIT

Tout le monde sait que les cours d'amour, Les cours
d'amour. au moyen âge, étaient des tribunaux composés de dames illustres par leur naissance et leur savoir, et dont la juridiction s'étendait sur toutes les questions de galanterie, contestations d'amour et tournois poétiques, célébrant l'art d'aimer en courtois et fidèle chevalier. Les premières assises poétiques semblent s'être tenues à la cour des premiers princes de la maison de Barcelone, et les historiens citent comme ayant présidé à leurs débuts Etiennette des Baux, femme de Raymond des Baux et belle-sœur de Raymond Bérenger, comte de Barcelone. Les femmes délibéraient seules sur les questions en litige, à l'exclusion absolue des hommes. Le troubadour ou le seigneur lauréat, pour prix de son succès, recevait une cou-

ronne de plumes do paon offerte par une des
dames de la cour d'amour qui lui octroyait de
plus un baiser avec des félicitations.

Ces réunions brillantes, qui eurent tant
d'influence sur les lettres et sur la politesse

L'Eglise Saint-Vincent   (Cl. Genoulial).

exquise des rapports dans la noblesse, se dé-
veloppèrent surtout en Provence, où parmi les
présidentes les plus célèbres figurent : Etiennette des Baux, Adélasie, vicomtesse d'Avignon, Jeanne des Baux, Laurette de Sade,

Phanette de Gantelmi, Briaude d'Agout, etc.

La cour d'amour des Baux était particulière-
ment recherchée, et les troubadours venaient
de toutes les contrées pour y célébrer la beauté
des princesses et la valeur des chevaliers.
Guilhem de Cabestan chanta Bérengère des
Baux, puis Tricline Carbonnelle. Raymond de
Seillans, mari de cette dernière, tua Guilhem
dans un accès de fureur jalouse, et après lui
avoir arraché le cœur, le fit accommoder en
plat et servir à sa femme. Ce dénouement tra-
gique a inspiré bien des poètes anciens et mo-
dernes (1). Sordel adressa ses poétiques hom-
mages à Rambaude des Baux, et Bérard des
Baux, Rambaud des Baux, rivalisèrent de gra-
cieuses louanges rimées en l'honneur de Marie
de Châteaufort et de la comtesse d'Orgueil.
Cécile des Baux, surnommée Passe-Rose, Alix
et Clairette des Baux, Baussette, fille de Hugues
des Baux, excitèrent tour à tour la verve de
l'élite des troubadours, parmi lesquels, Pierre
d'Auvergne, Raymond de Miraval, Roger d'Arles, etc., purent célébrer autant les vertus que
la beauté des princesses de leur maison.

Une des légendes les plus anciennes du pays
veut qu'au plus profond de la grotte des fées

(1) Notamment Jean Aicard, dans la *Légende du Cœur*,
représenté au théâtre d'Orange.

soit retenue captive, sous la garde de trois sorcières, une merveilleuse chèvre d'or. Cette précieuse bête doit, parait-il, amener la fortune et la prospérité, sous toutes formes, au mortel assez téméraire et assez heureux pour s'emparer d'elle.

Une tradition raconte également qu'au fond d'une vieille citerne des Baux est submergée, depuis des siècles, une grosse cloche d'argent, que l'on aurait voulu sauver ainsi d'un pillage.

Une autre histoire assez curieuse a trait à un siège fameux, soutenu par la ville des Baux contre l'armée de Girofle, émir de Constantine.

Les assiégés réduits à la famine, d'ultimes perquisitions minutieuses sont ordonnées pour trouver de quoi nourrir encore les combattants.

On ne découvre, en tout et pour tout, qu'un setier d'orge et un porc vivant. L'insuffisance de ces dernières ressources pour contenter tous les combattants, suscita la pensée de les employer à un héroïque stratagème : l'orge fut donnée au porc et celui-ci une fois repu, on le jeta aux assaillants. L'ennemi, cela va sans dire, crut la place encore bien approvisionnée et leva le siège aussitôt.

La mort de la princesse Alix des Baux, en qui finit une race héroïque, a donné naissance à un des plus poétiques récits que nos aïeux nous aient transmis. A l'heure de la suprême agonie de la princesse, une étoile, dit-on, descendit du ciel sur la vieille tour des Baux, pénétra dans sa chambre, brilla d'un éclat fulgurant, et s'éteignit au même instant où la moribonde expira.

La fête patronale de Saint-Vincent est loin d'être célébrée aujourd'hui aux Baux avec l'éclat et la saine simplicité de jadis. L'abrutissante habitude du café, atrophiant les cœurs, dérangeant les cerveaux, faisant dégénérer la race, a remplacé les joies généreuses et fortifiantes du plein air. L'abbé de la Jeunesse, le roi de la Basoche, le prince d'Amour, le roi Eyssado, ont disparu de compagnie.

La fête patronale de Saint Vincent avant la Révolution.

Disons un peu ce qu'était ce fameux abbé de la Jeunesse. Il y a trois ou quatre cents ans, ce personnage, premier intendant des jeux, avait la direction officielle de toutes les fêtes et divertissements. Chaque année, le titulaire nommait lui-même son remplaçant pour l'année suivante.

Au dix-huitième siècle, les consuls d'Aix s'étant arrogés de disposer eux-mêmes de cette charge, cet exemple fut suivi dans la plupart des autres villes.

Le dimanche de la Trinité, le susdit abbé ou « abba » se rendait en grande pompe à l'hôtel de ville pour y faire approuver le choix de ses lieutenants.

Fonctions de
l'abbé de la
Jeunesse.

Ceux-ci commandaient les compagnies de fusiliers, recrutés par l'abbadie, pour exécuter les jeux de salve appelés « bravades ».

Vêtu d'un pourpoint et d'un manteau de soie noire, grand rabat sous le menton, et tenant un bouquet à la main, l'abbé s'avançait gravement, accompagné des deux précédents abbés en pareil costume.

Puis, suivaient de nombreux parents et amis, décorés d'une médaille particulière, distribuée chaque année par le dignitaire élu.

Ses fonctions, prises fort au sérieux, lui donnaient même voix délibérative au conseil de la ville.

Un défilé général, abbé en tête, avec toute sa cour, ouvrait la fête, continuée par des danses et divertissements de toutes sortes, parmi lesquels, avec la lutte, les courses en Le jeu des « chivau frus ». sac ou avec des animaux, etc., le jeu antique des *chivau frus* avait le plus de succès.

L'origine du jeu est attribuée aux Phocéens qui auraient imaginé de parodier la guerre des Centaures et des Lapithes en créant des chevaux de bois ou de carton. Le cavalier devient sa propre monture en s'introduisant jusqu'à la ceinture, par un trou ménagé dans le dos de cette carcasse, qu'il suspendait à ses épaules, par des courroies, pour se livrer à des caracoles fantaisistes.

Un escadron d'une quinzaine de ces cava-
liers, servait d'escorte à l'abbé de la Jeunesse,
et au son du tambourin, exécutaient diverses
manœuvres d'équitation.

Il n'y avait pas autrefois un village de basse
Provence, qui ne conservât, dans certaines
familles, ces *chivau frus*, qu'on sortait dans les
grandes occasions, et cette coutume, dans notre
pays, remonte, paraît-il, à l'époque du règne
des comtes de Barcelone, et peut-être au delà.

La fête de Saint-Vincent se célèbre encore
maintenant le dimanche qui suit le 22 janvier,
mais avec la triste banalité des réjouissances
populaires de nos jours.

Les archives municipales nous ont conservé
une relation d'un des divertissements les plus
en honneur encore aux Baux avant 1789, la
plantation du mai. Le premier dimanche de
mai, l'abbé de la Jeunesse en fonctions faisait
planter un « mai », arbre vert spécialement
choisi, devant l'hôtel de ville, pendant que les
bouquetiers de Saint-Marc s'occupaient d'en
planter un autre devant l'église.

Ces bouquetiers ou prieurs étaient des com-
missaires élus chaque année pour s'occuper
des intérêts de leur confrérie. Les documents
dont nous parlons racontent qu'au commencement du siècle dernier, vers 1820-1825,
« ces bouquetiers faisaient ce jour-là une

Fête de la plan-
tation du mai.

distribution de petits pains d'un sol en forme de navettes. Ils faisaient en même temps la nomination de deux bouquetières, lesquelles remettaient les bouquets à deux autres jeunes gens, qui se continuait des uns aux autres, pendant tout le mois de mai ; et tous les dimanches du dit, on dansait et faisait la farandole ; mais cela n'a plus lieu depuis la révolution. L'origine de cet usage est inconnue, vu son ancienneté ». Le mai bénit solennellement demeurait debout jusqu'à la fin du mois et le dernier jour on l'abattait pour s'en partager les morceaux. Le jour des rogations, jour de Saint-Marc, ces mêmes bouquetiers faisaient bénir et distribuer des espèces de gâteaux à l'huile, ayant la forme d'un bourrelet tordu en couronne, et appelé « torques », du mot latin *torques*, désignant chez les Romains un collier de genre tordu que portaient certains peuples comme les Gaulois, les Persans, etc.

Distribution des « Torques » le jour des Rogations.

Le culte traditionnel de Saint-Eloi, patron des petits propriétaires et ouvriers agricoles des quatre communes de la vallée des Baux, nous a conservé l'originale et pittoresque coutume suivante.

La fête du char de Saint-Eloi.

La semaine précédant la fête de Saint-Eloi, les prieurs de la confrérie font jouer des aubades dans tout le village et jusqu'aux fermes les plus éloignées, afin de faire la collecte des fonds nécessaires pour célébrer plus brillamment la fête. Au jour dit, dès le matin, un nombreux escadron se forme et va s'atteler à un grand char, orné de guirlandes de verdure, et recouvert d'un dôme où se mêlent des buis, des fleurs, des drapeaux variés, des petits miroirs ornés de rubans de vives couleurs, le tout dominé par l'image de Saint-Eloi.

Les chevaux et les mulets attelés à la queue leu-leu, jusqu'au nombre de vingt-cinq à trente sont couverts de harnais agrémentés de miroirs et de rubans multicolores, de housses brodées, de drapeaux, de panaches, et, au cliquetis scandé des fouets, sont menés à la main, chacun par un conducteur en manches de chemise, en pantalon blanc, avec une ceinture d'un ton vif autour des reins. La musique a pris place dans le char, et les deux nouveaux prieurs élus précèdent le cortège, montés sur des chevaux de selle, tandis que les deux prieurs sortant de charge ferment le cortège, montés de la même manière. De tout cet ensemble brillant, chatoyant, se dégage une impression d'Espagne. Une fois la bénédiction reçue, au son de la musique, au cliquetis des fouets accompagné de détonations de boîtes à feu, on distribue à chaque conducteur un petit drapeau et un gâteau bénit, appelé *tourtihado.* La troupe s'ébranle ensuite pour aller défiler devant l'oratoire de Saint-Eloi, et passer plusieurs fois dans le village ; la fête se termine par un banquet, et par des aubades données aux deux nouveaux prieurs élus, qui devront organiser pareils divertissements l'année suivante.

Parlons enfin d'un usage absolument délicieux et particulier à la célébration de la messe de minuit : l'offrande des bergers. Cette fête, qui était depuis le seizième siècle organisée aux Baux par la corporation des *pastre* et s'était maintenue fidèlement, à peu près chaque année, jusqu'en 1892, a été réorganisée en 1902 avec beaucoup de succès, grâce à l'initiative dévouée de MM. Ruat, A. Castéran, Elzéard Rougier, etc., et s'est continuée depuis.

Deux prieurs bergers la président et la dirigent en suivant l'antique cérémonial, transmis par leurs ancêtres. Au moment de l'offrande, un dialogue chanté s'engage entre un berger placé au bas de l'église, et un personnage qui, dissimulé derrière le maître-autel, remplit le rôle d'un ange mystérieusement invisible. Celui-ci annonçait aux bergers la bonne nouvelle.

Nous reportant par la pensée au nombre des assistants, nous voyons alors s'avancer, précédé du tambourin et du galoubet, un groupe de bergers, un petit cierge à la main, couverts de leur grand manteau brun, et des bergères enveloppées dans la vieille mante provençale.

Quelques-unes, les prieuresses, sont coiffées du « garbalin », sorte de bonnet conique assez haut, orné de dentelle, et garni à son sommet de fruits et de pâtisseries.

Les autres portent suspendues à leur ceinture, par des écharpes aux couleurs variées, des corbeilles joliment décorées, et remplies de toutes sortes de présents à offrir à l'Enfant-Dieu.

Devant elles roule un petit char rustique en bois d'olivier, au dôme surmonté d'une bannière aux armes des Baux : il est délicatement sculpté au couteau, et orné de nombreuses chandelettes. Traînée par un bélier bien encorné, et choisi naturellement parmi les plus beaux des troupeaux environnants, cette voiture minuscule contient un petit agneau de lait, bien blanc, et tout enrubanné de couleurs tendres.

Le cortége arrivé à l'autel, le prieur de la corporation prend l'agneau dans le char, fait la révérence à l'autel, baise la patène que le prêtre lui présente, et simule l'offrande de la mignonne petite bête, qu'il remet après force saluts à sa bergère. Celle-ci, de son côté, recommence la même cérémonie, et le défilé continuant, l'agneau passe de main en main, pour être finalement replacé dans le chariot.

Le lendemain, à la messe solennelle, se répétera la même scène.

Puis, la pieuse troupe, après avoir reçu la bénédiction de l'officiant, rentre dans l'assistance.

Au moment de l'Elévation, pendant que les fidèles ont la tête baissée, la tradition veut qu'on presse trois fois la queue de l'agnelet qui fait entendre trois bêlements plaintifs.

Nous ne pouvons résister au plaisir de citer en entier un des Noëls des plus gracieux qu'on ait écrits pour la cérémonie de l'*offrande*.

Il a été composé par le populaire chansonnier Charloun Riéu, du Paradou, et s'intitule : *Li pastre di Baus.* C'est un vrai régal poétique d'entendre le poète paysan le chanter lui-même, de sa voix grave et douce, sur l'air de la *Respelido,* de Mistral, avec l'accompagnement, au refrain, d'un chœur de bergers.

Voici ce Noël en provençal avec traduction mot à mot en regard.

LI PASTRE DI BAUS (1)

sus l'èr de la *Respelido de* Mistral.

I	I
Pastre Baussen,	Pâtres des Baux,
Tòuti d'ome de sèn,	Tous hommes de sens,
Aniue se revesèn	Ce soir nous nous revoyons
Dins la vièio capello;	Dans la vieille chapelle,
Pastre Baussen,	Pâtres des Baux,
Tòuti d'ome de sèn,	Tous hommes de sens,
Aniue se revesèn,	Ce soir nous nous revoyons,
De gau trefoulissèn.	De joie nous tressaillons.

(1) Li Cant dòu Terraire. Librairie Ruat, 1 fr.

<table>
<tr><td>

2

Pople catièu,
S'es vengu l'Enfant Dièu
Que dòu Paire es lou Filu,
Sarés fort emai libre.
Pople catièu,
S'es vengu l'Enfant-Dièu
Que dòu Paire es lou Filu,
Devendrés renadièu.

</td><td>

2

Peuple captif,
Puisqu'est venu l'Enfant-Dieu,
Qui du Père est le Fils,
Vous serez fort et libre,
Peuple captif,
Puisqu'est venu l'Enfant-Dieu,
Qui du Père est le Fils,
Vous renaîtrez.

</td></tr>
<tr><td>

3

Li mai valènt,
Lis ome de talènt,
Que fagon bèn-voulènt
Pèr li faire si douno,
Li mai valènt,
Lis ome de talènt,
Que fagon bèn-voulènt,
Au Dièu de Betelèn.

</td><td>

3

Ceux qui valent le plus,
Les hommes de talent,
Qu'ils soient de bonne volonté
Pour lui faire leurs présents,
Ceux qui valent le plus,
Les hommes de talent,
Qu'ils soient bienveillants
Au Dieu de Bethléem.

</td></tr>
<tr><td>

4

Tòni lou gòi,
Es encaro ravoi,
Vendra lou cor galoi
Pèr li touca l'aubado;
Tòni lou gòi,
Es encaro ravoi,
Vendra lou cor galoi,
Jougara de l'aut-bot.

</td><td>

4

Toni le boiteux
Est encore vaillant,
Il viendra le cœur joyeux,
Pour lui jouer l'aubade,
Toni le boiteux
Est encore vaillant,
Il viendra le cœur joyeux
Et jouera du haut-bois.

</td></tr>
<tr><td>

5

Li bailaren
Noste agnèu proumieren,
Lou pus jouine qu'auren
De nosto troupelado;
Li bailaren
Noste agnèu proumieren,
Lou pus jouine qu'auren,
Après l'adouraren.

</td><td>

5

Nous lui baillerons
Notre agneau premier,
Le plus jeune que nous aurons
De notre troupeau,
Nous lui baillerons
Notre agneau premier
Le plus jeune que nous aurons,
Puis nous l'adorerons.

</td></tr>
<tr><td>

6

Dins lou gravi,
Vers lou mas de Chèvrié
Auran lis óulivié
Alor d'óulivo bello;

</td><td>

6

Dans les graviers,
Vers le mas de Chevrier,
Auront les oliviers
Alors d'olives belles,

</td></tr>
</table>

Dins lou gravié,	Dans les graviers
Vers lou mas de Chevié	Vers le mas de Chevrier.
Auran lis óulivié,	N'auront les oliviers,
Plus ges de quetevié.	Plus de maladie (le noir).

7

Long di calanc,	Le long des Calans,
Di souco de bon plant	Des souches de bon plant,
Un vin de picardan	Un vin piquant mousseux
Raiara clar e linde;	Jaillira clair et limpide,
Long di calanc,	Le long des Calans,
Di souco de bon plant,	Des souches de bon plant
Un vin de picardan	Un vin piquant mousseux
N'auren proun pèr tout l'an.	Nous suffira pour toute l'année.

8

Pièi de retour,	Puis, de retour,
Cridaren dis autour	Nous crierons des hauteurs
Is endré d'alentour	Aux endroits d'alentour,
Bèn plus luen que Manvilo;	Bien plus loin que Manville,
Pièi de retour,	Puis, de retour,
Cridaren dis autour	Nous crierons des hauteurs
Is endré d'alentour;	Aux endroits d'alentour :
Vivo lou Redemtour!	Vive le Rédempteur !

Refrin

Canten l'Enfant-Diéu que nous adus la vido,
Canten l'Enfant-Diéu, auren tout-à-souvé,
Amount l'Ange crido :
Nouvé
Nous sauvè !

Refrain

Chantons l'Enfant-Dieu qui nous a apporté la vie
Chantons l'Enfant-Dieu, nous aurons tout à souhait !
Là-haut, l'Ange crie :
Noël
Nous sauva !

Au Paradou, 1902.

CHARLOUN RIÉU.

Imprimatur : GONON, vic. gen. Aquis, 20 Junii 1905.

DESACIDIFIÉ
À SABLE : 1994

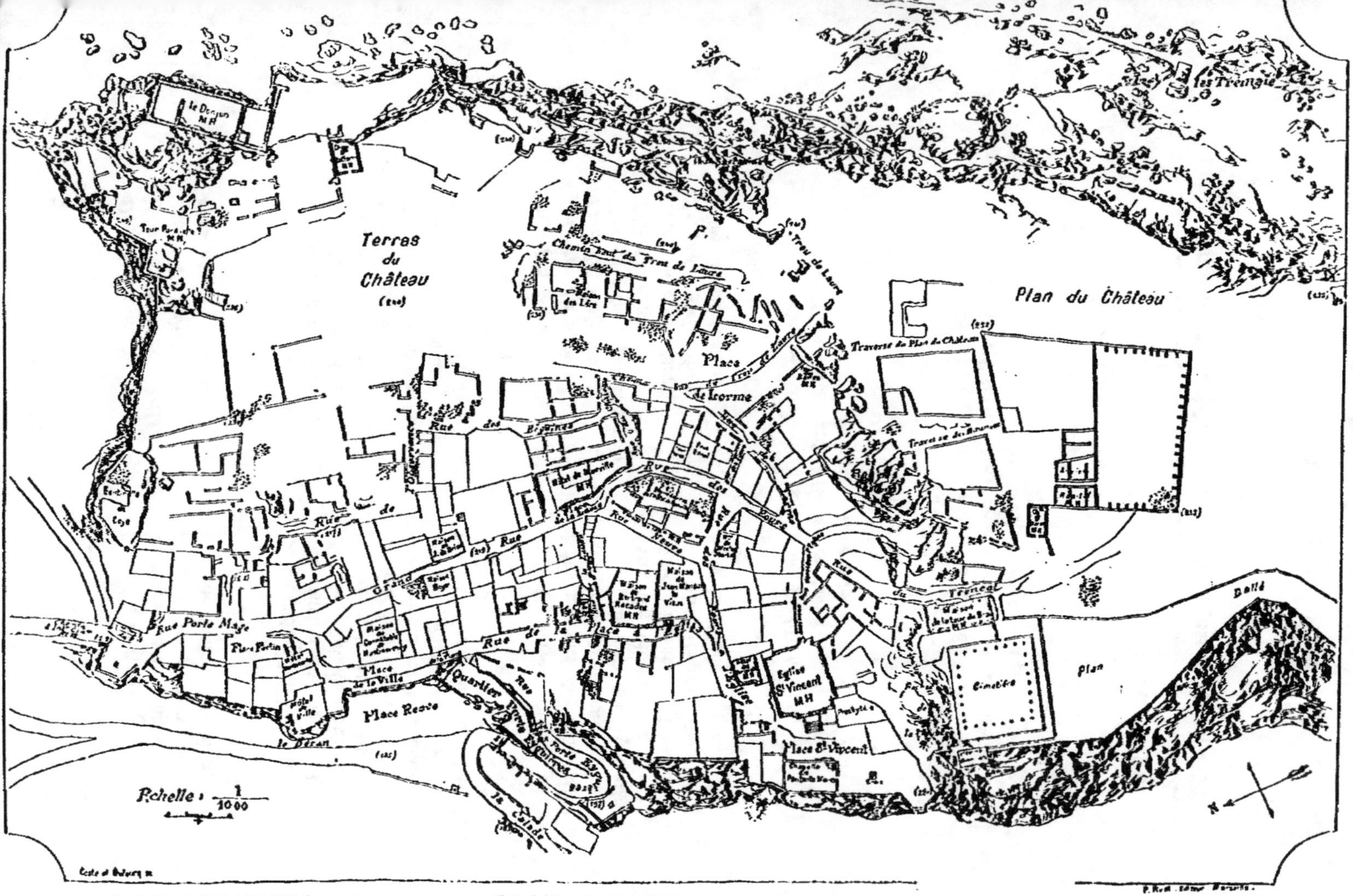

Dressé par Maurice CORPET, Architecte dipl. du Gouvernement.

PLAN de la Ville des BAUX

www.ingramcontent.com/pod-product-compliance
Lightning Source LLC
Chambersburg PA
CBHW071342030726
47594CB00002B/725